Il y avait fort longtemps un garçon qui se nommait Marcus eut un désir dans son cœur. Marcus voulait connaître qu'est-ce que ressentir l'amour envers quelqu'un.

Un jour dans son enfance, il faisait la connaissance d'une fille qui s'appelait Adriana. Or, cette fille était très belle, elle avait un teint clair, des yeux marron clair, elle avait un magnifique visage, son sourire était gracieux, elle avait une mélodieuse voix et elle était de petite taille. Adriana avait le même âge que lui. Marcus était ébloui par sa beauté, il voulait faire la connaissance de la fille. Marcus avait environ cinq ans. Deux ans passa, Marcus et Adriana sont devenus proche, ils étaient tellement proche que tout le monde pensa qu'ils étaient en couple et cela enchantait Marcus parce qu'il aimait Adriana à son insu, mais il ne savait pas comment le dire à Adriana parce que Marcus ne voulait pas mettre son amitié avec elle en péril alors il opta de garder le silence pour but de ne pas perdre son amitié avec Adriana. Marcus était âgé de sept ans.

Deux ans passa, Marcus n'avait pas encore avoué ses Sentiments à Adriana. Son ami Damien remarqua que Marcus avait des sentiments pour Adriana mais il ne le demandait rien, il pensait que c'était juste le fruit de son imagination. Damien décida d'enquêter pour savoir si ses soupçons étaient réels, au fur et à mesure qu'il creusait, Damien découvrait plusieurs preuves qui démontraient que Marcus aimait Adriana. Un jour durant les cours Marcus confessa à Damien qu'il avait des sentiments envers Adriana mais il ne savait pas comment le dire Parce qu'il ne voulait pas perdre son amitié avec elle. Damien lui fut savoir qu'il le savait et il raconta à Marcus qu'il avait fait son enquête pour être certain de ce qu'il croyait. Marcus désespérément lui demanda un conseil, Damien lui avait conseillé qu'il devrait parler avec elle pour lui déclarer ce qu'il ressentait, mais cette idée avait effrayé Marcus et il répondit qu'il ne le ferait pas de peur qu'Adriana le rejette.

Pendant la recréation Damien lui souffla dans les branches et insista sur le fait qu'il devrait dévoiler

ses sentiments pour Adriana mais Marcus était
têtu et il resta ferme dans sa décision. Le
lendemain pendant les cours Marcus fut très
surpris de voir qu'Adriana s'était assise au près de
lui et ensuite il regarda Damien d'un air gêner.
Damien lui faisait signe pour lui dire que de ne pas
perdre son temps. Sûre e lui, Marcus profita
qu'elle est au près de lui pour révéler ses
sentiments mais au moment où il commença, l'un
des secrétaires appela Adriana parce que ses
parents lui avaient apporté quelque chose.
Marcus s'est senti comme affaibli et décourager.
« what an embarrassing situation » répliqua
Damien. Déterminé pour déclarer sa flamme pour
Adriana, Marcus décida de proposer à Adriana de
lui rejoindre à un jardin public qui se situait
derrière l'école après les cours pour se détendre
et pour paraître plus romantique aux yeux
d'Adriana

Le jour suivant, pendant la classe de
mathématique Marcus lança une boule de papier
en direction d'Adriana dans laquelle il l'invita à lui
rejoindre au jardin public derrière l'école rien que

tout les deux. La boule de papier tomba entre les jambes d'Adriana. Surprise elle se retourna pour chercher la personne qu'a envoyé cette boule sur elle, Marcus lui faisait un signe de la main pour qu'elle puisait savoir que c'était lui le lanceur de cette boule, Adriana sourit et s'étant retourné pour lire ce petit mot laisser par Marcus. Quand elle eut fini de le lire, Adriana regarda Marcus en souriant, elle hocha la tête et cligna l'œil en signe qu'elle acceptait son invitation. Marcus était fou de joie de voir qu'elle a accepté son invitation aussi facilement. Damien qu'était derrière le frappa l'épaule et le félicita parce qu'il a franchi une étape. Damien conseilla à Marcus de ne pas louper son coup parce qu'une telle occasion ne se présentera pas deux fois. À la fin de la journée, comme prévu Adriana et Marcus allaient au jardin public pour passer un moment agréable.

Dès qu'ils sont arrivés là bas, Marcus proposa à Adriana de manger un peu de glace et de s'assoir sur le banc devant le lac où il avait des poissons chat, toujours en souriant elle accepta. Ils se rendirent directement chez le marchand glace

qu'était sur place et ils faisaient une longue marche pour arriver au lac. Pendant la marche, ils se remémorèrent des souvenir de leur tendre enfance depuis la maternelle jusqu'à ce jour. Le cœur de Marcus s'est mis à battre plus fort, il respira le moins d'aire, ses pupilles s'est dilatées elles étaient devenues aussi grosse qu'une fraise, ses mains se sont mises à trembler comme une feuille qui danse au gré du vent. Aussitôt qu'ils arrivaient devant le lac, la peur le saisissait parce qu'il savait que le temps est venu de dévoiler ses sentiments à Adriana. Marcus et Adriana s'asseyaient sur le banc toujours en racontant leur l'enfance, après une bonne quinzaine de minutes il eut un grand silence et même personne n'osaient pas regarder l'un et l'autre car la honte s'installait au milieu d'eux. Marcus avait pris son courage à deux mains et avoua à Adriana ses sentiments par une chanson qu'il nommait 'c'est toi dans ce monde de fou', Adriana fut émue et pleura parce que les paroles de cette chanson l'avaient touché profondément, en voulant la consoler Marcus s'est mis à faire des grimaces comme dans leur enfance. Adriana rigolait et elle aussi exposait ce qu'elle ressentait pour lui. Marcus resta bouche bée, il ne savait pas quoi dire, il demanda à Adriana si elle voulait devenir sa petite amie. Adriana s'est mise à rougir et elle accepta sa proposition en souriant. « Quelle chance » disait- il. Marcus s'est senti comme alléger, son cœur fut rempli d'allégresse et d'une joie inexplicable. Il était dans toutes ses états, Marcus n'a pas caché sa joie devant Adriana, il hurla en disant merci mon Dieu.

L'heure était venue pour que nos amoureux de rentrer chez eux, Marcus et Adriana se tenaient par la main et faisaient cette longue marche qu'ils avaient fait au commencement mais l'atmosphère était différente parce que cette fois ci ce n'est plus deux amis qui sortaient du jardin mais deux personnes qui s'aimaient profondément. Arrivé sur la route, Marcus et Adriana ne voulaient pas partir à la maison car ils aimèrent la présence de chacun et il se regardaient constamment dans les yeux mais malheureusement ils devraient respecter les lois de la maison. Avant de se séparer pour rentrer chez eux Adriana lui proposa de revenir ici au jardin après les heures des cours, Marcus accepta sans hésitait et même sans réfléchir Parce qu'il était aveuglé par l'amour. Au moment où ils se disaient au revoir, Adriana embrassa Marcus et s'en alla toute joyeuse. Elle n'osait pas se retourner du fait qu'elle était gêné de son action, Marcus sourit et alla chez Damien pour tout lui raconter. Arrivé chez Damien, Marcus ne cachait pas sa joie, il continuait à sourire et son visage était rempli d'allégresse. Damien le vit de loin et il a immédiatement su ce qui s'est passé. Damien vint à sa rencontre, il demanda à Marcus qu'est- ce qui l'a rendu si heureux. Marcus raconta tous ce qu'il s'est passé entre Adriana et lui et même il avait dit a Damien qu'il s'était mis en couple avec elle. Damien le gifla et lui dit que s'il l'avait écouté depuis le début tout serait différent. Damien le félicita et l'avertit en le disant si un jour il voyait Adriana pleurer il aura affaire avec lui. Marcus fut rempli d'assurance et de paix parce qu'il était conscient du responsabilité qu'était sur ses épaules. Marcus fit tout son possible pour que sa relation avec Adriana devienne une relation solide avec des bonne bases. Marcus était attentionné avec Adriana, il la couvrit d'amour et d'affection. Tous les jours Marcus lui écrivait des poèmes, des lettres d'amour, pour leur premier mois il l'offrit une rose rouge suivi des poèmes, Adriana fut émue et fonds en larmes, parce qu'elle disait que personne ne lui avait offert une fleur. Le cœur de Marcus fut rempli d'une immense joie jusqu'à ce que son visage fut imprégné du bonheur. C'était comme si Marcus était aux anges mais son bonheur ne durera pas très longtemps.

Deux ans passa, Marcus était entrain de planifier sa surprise pour sa bien-aimé pour leur deux ans de relation. En venant de l'école Marcus apercevait Adriana de loin, en souriant il se hâta pour la rejoindre mais quelque chose avait freiné son empressement. Adriana n'était pas seule elle était accompagnée de Jean-Pierre son meilleur ami. Marcus pensa que Jean-Pierre et Adriana ne faisait que parler et qu'il ne pouvait pas interrompre leur conversation alors il décida d'attendre sa bien-aimée devant la porte de l'école. Marcus avait vu que Jean-Pierre s'approcha d'Adriana et mis sa main sur la hanche. Intrigué par cela Marcus continuait de les regarder à leur insu pour avoir le cœur net, a sa grande surprise il a vu Adriana sa copine embrassait Jean-Pierre. Dès qu'il a vu cela il resta bouche bée, Bouleversé par cette action la joie de Marcus s'est transformé en une profonde tristesse. Il rentra dans la cour de l'école en pleurant, il n'arrivait pas à croire que la personne qu'il chérissait tant avait fait cela, Damien le voyait du quatrièmes étages. Excité de lui raconter une bonne nouvelle, il descendait avec précipitation, arrivé au première étage, il trouva la tristesse sur le visage de son ami et su immédiatement qu'il a un problème entre lui et Adriana. Damien rejoignait Marcus au rez-de-chaussée, dès que Marcus le vit il se jeta sur Damien et chercha réconfort, il raconta tout ce qu'il s'est passé. Choqué par cela Damien s'est mis à pleurer lui aussi parce qu'il se sentait coupable d'avoir pousser Marcus pour qu'il se mettre en couple avec Adriana, pendant que Damien le consolait Adriana fit son apparition comme si de rien n'était tait elle voulait prendre Marcus dans ses bras, surprise de le voir en larmes elle exigea de savoir qu'est-ce qui s'est passé Damien la réprimanda en disant d'aller voir Jean-Pierre. Elle fut saisie d'épouvante et resta silencieuse. Voyant qu'Adriana ne répondait pas Marcus profita pour rompre avec elle. Adriana se retourna et allait en classe suivi de Jean-Pierre. Marcus s'est ressaisi et entra en classe pour les cours même avec son cœur meurtri. Il n'arrivait pas à suivre les explications du professeur comme ci il parlait chinois. À la fin de la journée, Adriana venait vers lui pour s'excuser et demanda une seconde chance, le cœur de Marcus s'emballa et voulait dire oui mais il refusa et il la demanda de rester que des amis même s'il l'aimait comme un fou, Adriana s'en alla.

Après le départ d'Adriana, Marcus pris la résolution d'enterrer ses sentiments pour elle. Deux ans passa, Marcus est entré au collège tout excité parce qu'il voulait avoir des nouvelle aventures. Dans le cours de l'année il rencontra un garçon qui se nommait Timothée, ils se sont vite adaptés ensemble et découvrait qu'ils avaient presque les même goûts en toutes choses.

Passionné par le basketball, ils se sont tous les deux admis à la même équipe et de temps en temps ils faisaient des duels pour le plaisir. Un jour, en sortant de l'école pour partir à la gare Timothée apercevait Une fille de loin, Elle n'était pas très longue environ 1m70, elle était blanche, sa chevelure était très longue, bouclé et de couleur blonde. Il n'était pas sûr de lui-même il cria « Anne ». La fille se retourna et s'approcha d'eux. Tout à coup la fille hurla le nom de Timothée, confus Marcus ne comprenait rien mais il resta dans le silence. La fille s'est avancée avec hâte et pris Timothée dans ses bras comme s'ils ne s'étaient pas vus pendant longtemps. Elle avait des yeux bleus et ses lèvres était aussi rose qu'une pastelle. Sa voix était paisible à entendre. Pour ne pas déranger Marcus recula, à peine il recula Timothée lui présenta Anne son amie d'enfance. Marcus était fasciné par la beauté de la jeune fille, en tâtonnant il l'a salué. Anne les accompagnait jusqu'à la gare. Arrivé à la gare, ils montèrent dans l'autobus pour entrer à la maison, Timothée et Anne se parlèrent sans cesse. Marcus qu'était juste à côté d'eux fixa ses regards sur Anne à son insu à tel point qu'il n'avait pas remarqué que l'autobus venait de s'arrêter, il a pris conscience au moment où Timothée se leva pour descendre. Timothée et Marcus descendait de l'autobus suivi d'Anne. Ils marchèrent le long du chemin en parlant et plaisantant jusqu'à ce qu'ils sont arrivés au point où ils devraient se séparer. Le cœur lourd Anne faisait ses au revoir à Timothée et Marcus. Pendant qu'elle marchait Marcus l'a regardé et son intérêt pour elle augmenta. Au fil et a mesure ou il l'a rencontrée, il faisait sa connaissance et puis Marcus ne l'a pas revue durant cette année si.

L'année suivant, en sortant de l'école il a aperçu Anne de loin, au commencement il ne croyait pas que c'était elle mais au fur et à mesure qu'il avançait ses doutes s'envolèrent. Il s'approcha d'elle discrètement pour qu'elle ne s'apercevait de rien. Comme il était tout près d'elle, Marcus masqua les yeux avec sa main pour qu'elle ne puisait pas deviner que c'était lui. Confuse elle ne savait pas qui est-ce pour garder le suspense Marcus lui parla avec une grosse voix, malgré sa grosse voix elle le reconnait immédiatement, très contente de l'avoir revue elle l'a pris dans ses bras. Ils marchaient jusqu'à la gare en se présentant eux même. Le cœur de Marcus s'est mis à battre très fort à tel point où sa respiration devenait plus lourde, ses mains tremblaient car l'intérêt qu'il avait eu pour elle auparavant s'était transformé en un amour fort. Ils rentraient dans l'autobus, pendant le trajet Marcus profita pour faire la connaissance d'Anne encore plus. Arrivé à destination, ils descendirent dans l'autobus, pendant qu'ils faisaient la marche pour rentrer chez eux, Marcus pris son courage à deux mains et il résolu pour lui dire ses sentiments mais au moment où il s'apprêtait de dévoiler sa flamme Timothée les rejoignait, il salua Marcus, après avoir saluer son ami il embrassa Anne. Ayant vu cela une forte douleur s'est installée dans la poitrine de Marcus. Une tristesse envahissait son cœur mais il ne faisait rien pour ne pas éveiller les soupçons. Au bout de quelque temps chacun rentre chez eux. Sur la route pour entrer chez lui, Marcus ne pouvait garder cette tristesse alors il pleura amèrement, jusqu'à arriver à la porte de chez lui où il se ressaisissait et pris la résolution d'oublier Anne mais il ne cessait de penser à Anne.

Six mois passa, Marcus allait dans un restaurant qu'était dans son quartier, s'étant assis et pensa à ce qu'il voulait manger. Durant ce temps Anne passait par hasard, elle remarqua Marcus de loin à travers les vitres de la fenêtre du restaurent, elle sourit et sans réfléchir elle se dirigea vers le restaurant. Arrivé au restaurent, Anne a vu Marcus qui se noyait dans ses réflexions, elle s'assoit près de lui sans qu'il se rendre compte. Plonger dans ses pensées, il avait oublié de faire sa commande et ne remarqua pas la présence d'Anne. Il se retourna pour appeler la servante, pendant que Marcus se retournait, il fut choqué de voir Anne près de lui. Anne éclata de rire en voyant Marcus aussi surpris. Gênait, il appela la servante qui prenait leurs commandes. Ils ne cessèrent de parler et rire, dès qu'ils ont fini de manger, Marcus et Anne se promenèrent au bord de la mer car le restaurant était tout près d'une plage qui n'était pas très fréquentée. Marcus saisissait cette opportunité pour demander son pseudo Facebook pour qu'ils puisaient rester en contact, après avoir échanger leur pseudo, Marcus accompagnait Anne jusqu'à chez elle. Arrivé devant chez elle, Marcus la souhaite une bonne fin de journée et de prendre soin d'elle, avant d'entrer chez elle Anne baisa Marcus sur la joue et fil dans sa maison. Tout joyeux il rentra à la maison et sans perdre de temps il cherche le pseudo d'Anne sur Facebook et il la contacta. Ils s'envoyaient des messages pendant cinq mois. Après ses cinq mois l'amour de Marcus se ranima mais en plus fort, Tellement fort qu'il ne pouvait pas le garder cela pour lui-même, il décida pour déclarer ses sentiments. Une fois, pendant la nuit Marcus la contacta comme d'habitude, il assembla tout son courage pour dévoiler ses sentiments pour elle. Le corps de Marcus trembla à tel point que son lit aussi s'est mis à trembler, ses dents se heurtaient les unes contre les autres tellement fort qu'on pouvait même entendre le son des dents, il ne réussissait pas à écrire ses messages correctement car ses doigts ne cessaient de trembler comme une feuille au gré du vent et son smartphone tombait sans cesse parce que ses mains ne pouvaient pas tenir en place tellement il tremblait. Même empressait par la peur il garda sa résolution, il avoua ses sentiments avec Anne. Dès qu'Anne a reçu le message de Marcus, son cœur s'est mis à s'emballer et une vague d'émotion lui passa dessus parce qu'elle n'a pas répondu à son message. Pendant cette espace de temps, Marcus était troublé au-dedans de lui, il redoutait terriblement la réponse d'Anne. Après une bonne dizaine de minutes, Anne envoya un message à Marcus pour lui dire qu'elle aussi a des sentiments pour lui et qu'elle accepta sa proposition de sortir avec lui. Tout joyeux et excité il poussa un cri de joie et passa la nuit blanche, il ne pouvait pas dormir car sa joie était beaucoup trop forte. Quel bonheur avait ressenti Marcus, son cœur était comblé d'allégresse. Marcus refaisait tout ce qu'il avait fait jadis avec Adriana en la couvrant d'attention et d'amour.

Au cinquième jours, Marcus et Timothée étaient partis à la pâtisserie du quartier où Anne travaillait car ils voulaient manger quelque choses avant d'aller jouer au basket, mais juste avant d'aller à la pâtisserie Timothée appela Anne pour savoir si elle travaillait à la caisse. Anne avait répondu positivement sans savoir que Marcus aurait accompagner Timothée. Etant arrivés la pâtisserie, les amis se sont mis d'accord pour créer une suspense, Timothée entra le premier et salua Anne qu'était à la caisse. Timothée faisait savoir à Anne qu'il était accompagné d'un invité de Marque, il appela Marcus et il fit son entrer comme si de rien n'était. Il s'approcha de la caisse, Anne rougit. Gênait, elle prenait leur commande, ses mains était légèrement tremblantes. Timothée et Marcus sortaient de la pâtisserie, le cœur gros Anne avait le visage triste. Heureux d'avoir vu Anne et résolu de mettre du sérieux dans sa relation. Le jour suivant, pendant que Marcus et Timothée s'amusèrent à jouer à un jeux vidéo, Marcus a reçu un message de la part de sa petite perle rare où elle disait qu'elle devrait lui parler d'un sujet très important. Après avoir lu le message d'Anne le cœur de Marcus s'est mis à s'emballer il pensait au pire. Il demanda à lui-même qu'est ce qu'il a pu faire pour qu'elle voulait rompre au bout de Cinq jours de relation.

Timothée et Marcus ont passé un accord si Anne donnerait une mauvaise nouvelle, Timothée devrait manger un piment vert en entier ou si Anne donnerait une bonne nouvelle c'était Marcus qui devrait le manger. L'heure est venue où Timothée et Marcus partaient pour jouer au basket-ball mais juste avant qu'ils partaient sur le terrain pour y jouer, le Smartphone de Marcus sonna, il vérifia, c'était Anne qui est entrain de l'appelait. Le stresse était au rendez-vous, il a répondu à l'appel et Anne lui donna une bonne nouvelle en lui déclarant son amour pour lui. Heureux, il poussa un cri de joie et Marcus déclara aussi son amour pour Anne, dès qu'Anne a raccroché, Timothée lui regarda en souriant et tenant son mobile pour filmer la scène où Marcus devrait manger le piment vert en entier. Une semaine passa, Marcus pensa à sa bien-aimée, il donna à Anne un collier ou il grava le nom de sa petite perle rare et il grava son initiale à l'arrière de la chaine, il a fait de même pour lui. Marcus voulait qu'à chaque fois que Anne regardera cette chaine même s'ils devraient se séparer, elle continuerait à se souvenir de leur relation de couple. Cinq jours ont passé, vers le soir Marcus était entrain de marcher dans la capitale parce qu'il devrait assister à une inauguration d'un smartphone de haute gamme car il était un You tubeur. En marchant il a vu Anne de loin, il avançait avec hâte parce qu'il voulait la rejoindre mais quelque chose avait calmé son excitation, il a vu Anne avec un autre garçon, il pensait que c'était juste un ami mais visiblement ce n'était pas le cas. Le garçon caressa la joue d'Anne et il l'embrassa, Marcus tomba sur ses genoux, ses yeux était rempli de larmes. Remplis de chagrin, il baissa la tête en se redressant et continua sa route. Anne vit Marcus qui s'approchait d'elle, la frayeur avait envahi le cœur d'Anne. En tâtonnant, elle appela Marcus mais ce dernier ne répondait pas, il a juste regardé Anne avec un visage de chien abattu et fit son chemin. Inconsolable Marcus pleura jusqu'à il arriva devant le lieu où y avait la conférence.

Désespérer, Marcus ne mangea pas, ni bu de l'eau, il ne sortait pas, il ne parlait avec personne pendant trois semaines. Durant ces trois semaines

Marcus ne cessait de repenser cette action qu'il avait vu mais au bout de ces trois semaines il s'est ressaisi et résolu pour oublier définitivement ses sentiments.

Deux ans passa, Marcus assista à une conférence pour les développeur et You tubeur pour la présentation d'un smartphone, comme le conférence n'avait pas encore été commencé. Marcus a pris quelque amuse bouche pour faire passer sa faim mais il a vu une chose qui augmenta sa curiosité. Il a vu une belle demoiselle qu'était courte, avec des longues chevelures, elle était un peu musclée, un très joli visage, ses yeux était marron. Elle était brune. Cette fille était entrain de prendre des photos, Marcus s'approcha d'elle et il fit une conversation. Pendant leur conversation, quelqu'un fit l'annonce que la conférence allait commencer et que les invités sont priés d'entrer dans la salle. Avant d'entré, Marcus demanda le nom de la jeune fille, en souriant elle disait que son nom était Jemeema. Ils entraient ensemble pour assister la conférence. Durant la conférence Marcus ne l'a quitté pas des yeux, même ses amis lui disaient d'arrêter de la regarder car cette fille avait un fort caractère et qu'il pourrait le regretter car plusieurs garçons avaient tenté simplement d'avoir son numéro leur requête était en vain et en bonus la fille les avait frappé, mais cela ne servait à rien car Marcus la fixait constamment a tel point qu'il a oublié de faire ses rapports et même filmer la conférence pour introduction du smartphone. De temps en temps la fille le regardait en souriant, Marcus voulait ardemment le numéro de cette dernière.

La conférence s'acheva, la marque Echo proposait une prise en main de son nouvel smartphone en avant première. Comme Marcus était You tubeur, il avait reçu le smartphone gratuitement pour donner son avis. Marcus profita de ce moment pour demander à Jemeema son numéro de téléphone en craignant le pire. Elle a pris le smartphone de Marcus et lui donna en souriant. Surpris, il regarda avec fierté ses amis qu'étaient très étonnés. Marcus invita la fille pour dîner mais elle refusa parce qu'elle serait occuper mais Jemeema lui avait dit de l'appeler. Marcus s'est senti comme aux anges, il accompagna Jemeema pour avoir une prise en main du smartphone. Ces derniers ne se séparèrent point pendant toute la soirée. Après ce soir là, Marcus et Jemeema étaient devenus très proche, ils partagèrent tout, ils faisaient presque tout ensemble.

Au bout de deux ans d'amitié, Marcus s'est senti comme attirer par Jemeema mais il n'a pas pris cela en considération parce qu'il pensait que Jemeema ne l'aimait pas et il redoutait sa colère alors il opta pour ne rien dévoiler. Au fur et à mesure Marcus faisait la connaissance de Jemeema son amour pour elle augmenta progressivement mais il resta sur sa décision de ne rien révéler. Un an passa, il voulait tenter sa chance avec elle, Marcus avait un ami qui s'appelait David. Or ce garçon était l'ami le plus proche de Jemeema, Marcus alla lui parler au sujet de son amour pour Jemeema mais il ne savait pas que sa vie aller basculer. Arrivé près du domicile de David, il remarqua une forme qui lui était familier. Il continua d'avancer comme il approchait, Marcus trouva David qu'était devant sa porte. Il s'hâta sa marche. Au moment où il arriva près de David, Marcus vit Jemeema qu'était dans les bras de David, il n'a pas pris cela en considération il pensait que c'était une réaction normale car ils étaient amis depuis longtemps. Sans qu'ils remarquaient la présence de Marcus, Jemeema disait qu'elle l'aimait et David répliquait la même chose. Choqué par cela, il baissa la tête, Marcus tentait de se retourner pour les laisser un peu d'intimité. En se retournant, Jemeema l'appela et sans qu'il eut le temps de réagir elle le gifla en disant qu'elle a découverte son secret. Attristé, Marcus la demanda comment elle a su cela. Jemeema répondait qu'elle s'est introduite dans les messages de David. Marcus demeura dans le silence pendant que Jemeema l'insultait. Larmes aux yeux, il n'eut pas la force pour contre dire Jemeema, quand elle eut fini de l'insulter Marcus se retourna et s'en alla, David ne faisait comme si de rien n'était. Il resta dans son coin et admira le spectacle. Déboussolé par cet évènement, pendant qu'il marchait Marcus invoqua son Dieu avec le cœur brisé il répandait son âme, il était désespéré, sans sécure. Il dévida son cœur et il fit un vœu à l'Éternel. Après avoir fait cela ii retourna chez lui. Décidé à arracher ses sentiments pour Jemeema, il essaya tous les moyen possible mais en vain plus il tentait, son amour pour elle augmenta de plus en plus comme si cet amour lui déclarait la guerre. Jemeema avait coupé toute communication avec Marcus.

Trois ans passa, comme d'habitude Marcus était invité a une présentation de smartphone. Pendant qu'il rédigeait ses rapports en vidéo, soudainement il a vu une personne qui l'intriguait car cette personne ressemblait à Jemeema de dos. Marcus interrompait sa vidéo pour aller voir si cette personne était vraiment elle. Arrivè au près cette mystérieuse personne, il l'appela Jeme, (un nom que Marcus avait pour habitude de l'appeler) la jeune fille se retourna et sourit. Marcus souriait aussi et ils parlèrent du passé. Son amour pour Jemeema se ranima en plus fort. Marcus remarqua que Jemeema avait oublié ce qui s'était passé entre eux, il profita de cette occasion pour recommencer son amitié avec elle. Depuis ce jour, ils devenaient plus proche qu'avant comme si de rien était. Un jour, Marcus avait reçu un appel de la part d'Hoppo pour qu'il vienne en Chine pendant trois ans pour qu'il fasse un rapport complet sur l'entreprise. Enchanté par cette offre, il accepta sans réfléchir. Surexciter par cela il alla voir Jemeema chez elle et Marcus lui raconta la nouvelle. Dès que Jemeema apprit la nouvelle son visage s'est changé, elle était anxieuse du départ de Marcus et elle le recommanda de rester mais il resta ferme sur sa décision.

Six mois passa, le jour où Marcus irait en Chine est arrivé, il invita Jemeema à un restaurant pour faire des souvenir avant son départ. Il passa prendre Jemeema chez elle, mais Marcus remarqua qu'elle n'était pas en forme. Arrivé au restaurant, la joie sur le visage de Jemeema dégrada. L'inquiétude avait envahi le cœur de Marcus il n'osait même pas de lui demander ce qu'elle a. Après avoir manger au restaurant, ils partirent à la mer où ils vont faire leurs adieux. Marcus n'arrivait pas à voir la tristesse sur le visage de Jemeema alors il la serra dans ses bras pour la réconforter. Au bout d'une heure, Marcus pris son courage à deux mains et dit enfin à Jemeema qu'il l'aimait pendant quatre ans et qu'il savait qu'elle le considérait comme un ami. Pendant la conversation, Marcus se retourna pour aller se préparer pour son voyage quant tout à coup Jemeema hurla en disant « **Marcus je t'aime moi aussi** » Marcus arrêta sa Marche Et se retourna vers Jemeema, il voulait la prendre dans ses bras mais la fille se jeta sur lui et le serra dans ses bras. Jemeema l'embrassa.